Bibliografische Information der Deutschen Nationalbibliothek: Die Deutsche Nationalbibliothek verzeichnet diese Publikation in der Deutschen Nationalbibliografie; detaillierte bibliografische Daten sind im Internet über dnb.dnb.de abrufbar.

© 2023 Frank Mühlbauer

Herstellung und Verlag: BoD – Books on Demand, Norderstedt

ISBN 978-3-7578-8721-6

Inhaltsverzeichnis und Infos

Das Arbeitsbuch „Mein Praktikum" beinhaltet alle für eine Praktikumsphase notwendigen Informations- und Arbeitsblätter, sowie Dokumente für die Vorbereitung, Durchführung und Nachbereitung deines Praktikums in optimaler Reihenfolge übersichtlich angeordnet. Hier im Inhaltsverzeichnis findest du Informationen für die Bearbeitung der nachfolgenden Formblätter.

G) Die Praktikumsmappe + Eigene Notizen für schriftliche Tagesberichte (12-seitig)

Die Praktikumsmappe sollte kurzgehalten sein, da du im Praktikum bestimmt schon genug zu tun hast, allein die Arbeitszeiten, die sich im Gegensatz zum Schulalltag steigern. Dann muss es nicht sein, dass nach einem harten Arbeitstag noch Hausaufgaben warten.

Die Praktikumsmappe ist Bestandteil der Vorbereitung auf das Praktikum, wodurch die Arbeit mit ihr reibungslos von statten gehen kann.
Hier werden u.a. Kontaktdaten eingetragen, z.B. bei krankheitsbedingtem Ausfall.
Auf der fünften Seite ist noch einmal ein Selbsteinschätzungsbogen. Diesmal aber für den direkten Vergleich vor und nach dem Praktikum.
Des Weiteren befindet sich auf der letzten Seite ein Rückblick auf das Praktikum, bzw. eine kleine Auswertung.

Nach Absprache mit den Deutsch-Lehrerinnen und -Lehrern kann die Praktikumsmappe für die schriftlichen Berichte in Aufsatzform als Anhaltspunkt (Spickzettel) genutzt werden.

Praktikum: Seite 22

H) Mein Tagesablauf & Schule und Praktikum im Vergleich (2-seitig)

In Form eines Zeitkuchens kannst du noch einmal einen Tag im Praktikum auswerten. Ein toller Vergleich ist der Tagesablauf eines Schul- mit einem Praktikumstag.

Praktikum: Seite 34

I) Persönliche Erfahrungen und Eindrücke aus dem Praktikum (2-seitig)

Fragen rund um das absolvierte Praktikum. Mit den Antworten kann die betreuende Lehrkraft eine Übersicht über das Praktikum erstellen.

Praktikum: Seite 36

ANHANG: Formulare zum Heraustrennen (zur Vorlage beim Praktikumsplatz)

ab Seite 38

J) Informationsbrief für den Praktikumsbetrieb und Praktikumsbestätigung (Praktikumsvertrag)

Die Praktikumsbestätigung ist vom Betrieb vor dem Praktikum auszufüllen, er gilt als Vertrag zwischen dir und der Praktikumsstelle. Hiermit erstellt die Schule eine Übersicht der Praktikanten. Des Weiteren ist der Praktikumsvertrag wichtig für deine Absicherung.

Praktikum: Seite 39

K) Beurteilung Schülerpraktikum (2-seitig)

Dieser Beurteilungsbogen ist zu Beginn des Praktikums den Betrieben auszuhändigen. Hier Beurteilen die Betriebe ihre Praktikanten du hast einen Einblick in die Praktikumsphasen im Betrieb. Oftmals schätzen sich die Praktikanten ganz anders ein und staunen nicht schlecht, wie der Betrieb euch sieht.

Die Rücksendung an die Schule sollte auf dem Postweg, per E-Mail oder Fax erfolgen!

Praktikum: Seite 43

Sinn eines Praktikums …

Ist es, Schülerinnen und Schüler an die Arbeitswelt heranzuführen. Das über die Wirtschafts- und Arbeitswelt erlernte schulische Wissen wird durch praktische Erfahrungen ergänzt. Die Schüler/innen sollen erste Berührungen mit der Berufswelt in praktischer und sozialer Hinsicht erfahren.

Das Praktikum soll auch dabei helfen, den passenden Beruf zu finden. Ein Ausprobieren in verschiedenen Ausbildungsberufen kann deshalb von großem Vorteil sein.

Rechtliche Rahmenbedingungen

Schülerpraktika sind vor allem an das Jugendarbeitsschutzgesetz (JArbSchG) und das Arbeitszeitgesetz (ArbZG) gebunden. Individuelle Absprachen können aber in einem Praktikantenvertrag vereinbart werden.

Regelung für …

Arbeitszeiten	
Kinder (bis 14 Jahre): Höchstens sieben Stunden täglich, 35 Stunden wöchentlich)	§ 7 JArbSchG
Jugendliche (15 bis 17 Jahre): Nicht mehr als acht Stunden täglich, nicht mehr als 40 Stunden wöchentlich	§ 8 Abs. 1 JArbSchG
Nachtruhe: 20 bis 6 Uhr; Ausnahmen sind möglich	§14 JArbSchG
Beschäftigungsdauer: Fünf Tage in der Woche	§ 15 JArbSchG
Beschäftigungsverbot: An Samstagen, Sonn- und Feiertagen; branchenbezogene Ausnahmen sind möglich. Werden Praktikanten an solchen Tagen beschäftigt, müssen sie an einem anderen Tag in derselben Woche freigestellt werden	§§ 16, 17, 18 JArbSchG
Volljährige Schülerpraktikanten: JArbSchG gilt nicht, Arbeitszeit darf regelmäßig 8 Stunden am Tag nicht überschreiten.	§ 3 ArbZG

Ruhepausen

Ruhepausen sind nicht in die Arbeitszeit einzuberechnen, müssen im Voraus feststehen und mindestens 15 Minuten betragen.

§ 4 JArbSchG

Dem Praktikanten sind zu gewähren:
- 30 Minuten bei einer Arbeitszeit von mehr als viereinhalb bis zu sechs Stunden.
- Mindestens 60 Minuten bei einer Arbeitszeit von mehr als sechs Stunden.

Die erste Pause muss nach spätestens viereinhalb Stunden Arbeit stattfinden.

§ 11 JArbSchG

Volljährige Praktikanten:
- 30 Minuten bei mehr als sechs Stunden Arbeitszeit und
- 45 Minuten bei mehr als neun Stunden Arbeitszeit.

§ 4 ArbZG

Bezahlung

Solange das Praktikum zum Zwecke des Kennenlernens eines Berufes und auf Erkenntnisgewinn für den Praktikanten zielt und nicht zur Erbringung von Arbeitsleistung, besteht keine Verpflichtung zur Vergütung.

Urlaub

Der Schülerpraktikant hat mangels Arbeits- oder Ausbildungsverhältnisses keinen Anspruch auf Urlaub.

Arbeitsschutz

Praktikanten dürfen keine Arbeiten verrichten, die sie körperlich oder seelisch zu sehr belasten. Ausnahmen existieren so weit die Arbeit z.B. zur Erreichung des Praktikumsziels erforderlich ist oder der Schutz durch die Aufsicht eines Fachkundigen gewährleistet ist.

§§ 22-24 JArbSchG

Gefahrstoffverordnungen mit speziellen technischen Regeln und einschlägige Unfallverhütungsvorschriften sind zu beachten. Entsprechende Belehrungen des Praktikanten müssen vor Praktikumsbeginn durchgeführt und sollten quittiert werden.

Das klassische Schülerbetriebspraktikum ist eine Schulveranstaltung.

Haftpflichtversicherung:
Schüler/innen sind

    a)   i.d.R. durch die elterliche Haftpflichtversicherung abgedeckt (abfragen!)
    b)   schließen eine Haftpflichtversicherung über die Schule ab.

Besteht kein Haftpflichtversicherungsschutz, obliegt es dem Praktikumsbetrieb, ob und wie er dies regelt.

Unfallversicherung:
Unfälle, die während des Praktikums oder auf dem Weg zwischen Praktikumsstelle und Wohnort stattfinden, werden durch die Unfallversicherung der Schule abgedeckt.

Sozialversicherungsbeiträge:
Fallen nicht an.

Außerschulische Praktika (ohne schulische Aufsicht):
Für Unfälle ist die Berufsgenossenschaft des Betriebs zuständig. Sofern kein Arbeitsentgelt geleistet wird, sind auch keine Sozialversicherungsbeiträge zu entrichten. Vermögens- und Sachschäden werden einzelfallabhängig von der Haftpflichtversicherung des Betriebs oder des Praktikanten bzw. der Eltern übernommen.

Hier möchte ich ein Schülerpraktikum absolvieren:

Praktikum   vom ____________________ bis ____________________

_________________________________   _________________________________
Beruf   Name des Betriebs

_________________________________   _________________________________
Straße und Hausnummer   Plz   Ort

_________________________________   _________________________________
Ansprechpartner/in   Telefonnummer + Durchwahl

_________________________________   _________________________________
Emailadresse   Homepage des Betriebs

Ist ein Praktikum möglich?   (ja)(nein)   Schriftliche Bewerbung erforderlich?   (ja)(nein)

Informationen eingeholt am: ____________________   persönlich: vor Ort ☐   per Internet ☐

Betrieb angerufen am: ____________________   (siehe Formular „Mein Telefonat mit einem Betrieb")

Informationen über den Betrieb

Firmenleiter/in

Ausbildungsleiter/in – Bezugsperson

Hat die Firma einen Haupt- oder Nebensitz, wenn ja, wo:

Produktion oder Dienstleistung des Unternehmens:

Kundenstamm der Firma:

Ausbildungsinhalte:

Weitere Ausbildungsmöglichkeiten in der Firma / dem Betrieb:

Mein Anruf bei einem Betrieb

Auch bei einem Telefonat gibt es einiges zu beachten!

Informiere dich gut über den Betrieb, z.B. im Internet
(Name der Firma, was macht die Firma genau, Branche der Firma) ◯

Schreibe dir Fragen auf, welche du an den Betrieb hast
(Bewerbungsbeginn, Bewerbungsschluss, Ansprechpartner in Sachen Bewerbun-
gen und Durchwahl, Form der Bewerbung -online oder schriftlich-) ◯

Telefoniere zu Hause in einem ruhigen Zimmer, wo du ungestört bist ◯

Lege für Notizen einen Notizblock und Stift bereit ◯

Atme ruhig und versuche an etwas Schönes zu denken, das senkt die Nervosität ◯

Melde dich freundlich mit deinem Vor- und Nachnamen
„Guten Tag, mein Name ist …" ◯

und teile dem Gesprächspartner dein Anliegen mit
„ich würde gerne bei ihnen ein Praktikum absolvieren" ◯

Auch wenn man es durch ein Telefon nicht sehen kann, solltest du während des
Gesprächs lächeln, denn man hört dem Gesprächspartner an, ob er freundlich oder
gelangweilt ist! ◯

Notiere wichtiges ◯

Frage nach, wenn du etwas nicht verstanden hast
„Entschuldigung, darf ich nochmal nach ihrem Namen fragen?" ◯

Solltest du den Weg zum Betrieb nicht kennen, frage höflich nach der Wegbe-
schreibung oder nochmal nach der genauen Adresse ◯

Zum Schluss bedankst du dich herzlich für das Gespräch und wünschst deinem Gesprächspartner noch einen schönen Tag
„ich bedanke mich für das Gespräch und wünsche ihnen noch einen schönen Tag"
(egal ob das Gespräch positiv oder auch negativ verlaufen ist!) ◯

Platz für Fragen & Notizen

Erarbeitet im Unterricht oder zu Hause eigene Fragen an den Betrieb:

Vorbereitung auf mein Praktikum

Erwartungen

Ich erwarte von meinem Praktikum

    A) Vom Betriebs-/Ausbildungsleiter

____

____

    B) Von den Mitarbeitern

____

____

    C) Vom Betrieb / Unternehmen (der Arbeitsplatz)

____

____

    D) Welche Erfahrungen und Informationen möchte ich sammeln

____

____

____

Vorbereitung auf das Praktikum im Unterricht

Warst du mit der Vorbereitung auf das Praktikum zufrieden?   ☐ ja   ☐ nein

    Was war besonders hilfreich in der Vorbereitung?

____

____

    Was würdest du verändern/verbessern, bzw. dir noch wünschen?

____

____

Verhalten im Praktikum

 Das Praktikum dient dazu, viele wichtige Erfahrungen zu sammeln und ggf. eine kleine „Duftnote" zu hinterlassen, falls der Betrieb für eine Ausbildung in Frage kommen könnte.

Am besten geht das, wenn du schon mit deinem Verhalten Interesse signalisierst. Und das geht ganz einfach: vor allem Fragen stellen und so Interesse zeigen!

Pünktlichkeit!

Verspätung gibt ganz viele Minuspunkte.

„Du" oder doch lieber „Sie"?

Du bist auf der sicheren Seite, wenn du erst einmal alle mit „Sie" ansprichst. Falls dir jemand das „du" anbietet, dann darfst du das selbstverständlich gerne annehmen.

Bitte, danke, gerne!

Diese Worte kommen immer gut an, auch auf der Baustelle. Natürlich einzeln und nicht alle gleichzeitig.

Lass andere ausreden!

Wenn dir jemand etwas erklärt, dann falle der Person nicht ins Wort. Du willst doch auch nicht unterbrochen werden, wenn du sprichst, oder?

Fragen, fragen, fragen!

Du willst schließlich etwas lernen. Deswegen machst du ein Praktikum. Und deshalb musst du Fragen stellen. Schweigen bedeutet: Das interessiert mich nicht. Nur wer fragt, kommt weiter. Also: Sei neugierig! Aber bombardiere andere nicht mit Fragen ohne Ende, sondern handle auch.

Gibt es Probleme?

Falls du im Praktikum irgendwelche Probleme hast, mit denen du überhaupt nicht klarkommst, dann sprich sie bei deinem Betreuer oder deiner Betreuerin an.

Sei hilfsbereit!

Wenn du hilfsbereit bist, macht das einen guten Eindruck. Schau dich um, wo es etwas zu tun gibt. Wenn du keine Arbeit findest, dann frag nach, was du noch machen kannst. Es ist ziemlich clever, vor allem wenn du dort eine Chance auf einen Ausbildungsplatz hast!

Nimm Kritik an!

Wenn jemand deine Arbeit kritisiert, frag nach, was du das nächste Mal besser machen kannst. Nur so kannst du lernen! Und hinterlässt einen positiven Eindruck.

Bloß keine Lästereien!

In vielen Betrieben wird gerne getratscht. Als Praktikant/in hältst du dich da besser raus. Wenn du als „Klatschtante" verschrien bist, macht das keinen besonders guten Eindruck.

Privat ist privat!

Privat telefonieren, privat im Internet surfen, ständig private Geschichten von zu Hause erzählen geht auf keinen Fall. Außerdem wirst du dadurch zu sehr von der Arbeit abgelenkt. Dafür ist Zeit nach Feierabend!

Psst – Betriebsgeheimnis!

Wenn du Einblicke in vertrauliche Daten bekommst, darfst du sie nicht weiterverbreiten!

Vertrauliche Dinge bleiben im Betrieb. Betriebsgeheimnisse darfst du zu Hause nicht weitererzählen. Wenn du dir unsicher bist, dann frag nach, ob es vertraulich ist oder nicht.

Das Praktikum – so klappt´s

Du glaubst, nur dein Verhalten während des Praktikums ist wichtig? Nein, auch bei der Vor- und Nachbereitung kannst du auf viele Punkte achten, damit dein Praktikum ein voller Erfolg wird.

Vorher

Infos sammeln

Weißt du, was dein Praktikumsunternehmen genau macht? Welche Ausbildungen angeboten werden? Falls du noch keine Informationen über deinen Praktikumsbetrieb gesammelt hast, solltest du das unbedingt vor Praktikumsbeginn tun.

Fahrstrecke erkunden

Erkundige dich wie du morgens mit öffentlichen Verkehrsmitteln oder dem Fahrrad zu deinem Praktikumsbetrieb kommst und abends wieder heim. Brauchst du eine Fahrkarte? So hast du am ersten Tag keinen Stress. Fahre vorher die Strecke einmal ab.

Ziele setzen

Was möchtest du mit dem Praktikum erreichen? Warum machst du dieses Praktikum? Schreib dir deine Antworten am besten auf. Dann kannst du nachher vergleichen, ob du dein Ziel erreicht hast.

Praktikumsbericht planen

Musst du für die Schule einen Praktikumsbericht schreiben? Dann hilft es dir, wenn du schon vor und während des Praktikums die Fragen für den Bericht im Hinterkopf behältst.

Styling überprüfen

Kleidung, Haare und Fingernägel, das alles muss top sein während des Praktikums! Deine Körperpflege sowieso. Mädels sollten nicht zu viel Make-up oder Parfüm auftragen. Frag am besten vorher nach, ob (sichtbare) Piercings erlaubt sind.

Nachher

Praktikumsbestätigung ausstellen lassen

Lass dir unbedingt eine Praktikumsbestätigung von dem Betrieb geben. Die Bestätigung ist wichtig für deine Bewerbungsunterlagen.

Praktikumsbericht schreiben

Falls du für die Schule einen Praktikumsbericht brauchst, dann schreibe ihn möglichst gleich nach dem Praktikum. So hast du noch alles gut in Erinnerung.

Wie lief's?

Folgende Fragen solltest du nach dem Praktikum für dich beantworten: Hat mir das Praktikum etwas gebracht? Habe ich was gelernt? Haben mir die meisten Tätigkeiten gefallen? Ist es wirklich mein Wunschberuf? Wenn du alle Fragen mit „Ja" beantworten kannst, war dein Praktikum ein voller Erfolg!

Wenn du Kritik bekommen oder nicht alles verstanden hast, lass den Kopf nicht hängen – als Praktikant oder Praktikantin kann man gar nicht alles wissen. Überprüfe, ob der Beruf trotzdem etwas für dich ist (z.B. über ein zweites Praktikum) oder suche dir einen Alternativberuf = Plan B.

Krankmeldung

Sollte doch der Fall eintreten und du kannst nicht zur Arbeit, meldest du dich bitte morgens vor Arbeitsbeginn bei deinem zuständigen Ausbildungsleiter und danach in der Schule krank.

Versicherung

Während des Praktikums bist du durch die Schule Unfallversichert und über die Eltern Haftpflichtver-sichert (siehe Sinn eines Praktikums – Rechtliche Rahmenbedingungen).

Gibt es noch offene Fragen oder auch Anregungen?

Besondere betriebliche Lernaufgabe

1) informieren
2) entscheiden
3) planen
4) ausführen
5) kontrollieren
6) bewerten

Die betriebliche Lernaufgabe dient dazu, dass du dich in der Vorbereitungsphase mit dem Beruf auseinandersetzt. Dazu sollst du dich darüber **informieren**, welche Aufgaben in deinem Wunschberuf durchgeführt werden. Das kannst du z.B. mit den Steckbriefen auf www.planet-beruf.de herausfinden:

Menü: Welche Ausbildungen gibt es? => Welche Berufe gibt es? => Berufe A-Z

So kannst du auch herausfinden, ob dir die Aufgaben des Berufes und somit auch der Beruf gefallen. Wenn nicht, würdest du dich bestimmt nicht für einen Beruf entscheiden, dessen Aufgaben dir nicht gefallen.

Aus diesen Aufgaben **entscheidest** du dich für eine Bestimmte, die du intensiver durchführen möchtest. Die betriebliche Lernaufgabe wird in der Vorbereitungsphase mit der Lehrkraft besprochen, dokumentiert (**planen**), im Praktikum (nach Absprache mit dem Praktikumsverantwortlichen) **durchgeführt**, **kontrolliert** und nachbereitet, also **bewertet**.

Die betriebliche Lernaufgabe muss keine Mamut-Aufgabe sein. Das kann auch eine kleine, aber eben für den Beruf typische Aufgabe sein.

Dokumentation der betrieblichen Lernaufgabe

1) Kurzbeschreibung der betrieblichen Lernaufgabe

2) Benenne das Ziel der Aufgabe

3) Diese Hilfsmittel / Werkzeuge benötigst du für die Aufgabe

4) Beschreibe die Aufgabe Schritt für Schritt

5) Überprüfe dein Ergebnis. Hättest du etwas anders machen können?

6) Besprich das Ergebnis der Aufgabe mit deinem Verantwortlichen

Die betriebliche Lernaufgabe

(Dokumentation)

<table>
<tr><td>Titel/Bezeichnung der Lernaufgabe

</td></tr>
</table>

<table>
<tr><td>Umfang der Lernaufgabe (Zeit, ca.):</td></tr>
</table>

Kurzbeschreibung der Lernaufgabe	

Gewünschtes Ergebnis	

<table>
<tr><td>Level</td><td>☐ leicht</td><td>☐ mittel</td><td>☐ anspruchsvoll</td></tr>
</table>

Notwendige Stärken und Eigenschaften	

Geforderte Fähigkeiten	

Hilfsmittel / Werkzeuge

Rückmeldung des Verantwortlichen für die Lernaufgabe

Kriterien	1	2	3	4	5
Ergebnis	☐	☐	☐	☐	☐
Arbeitsqualität	☐	☐	☐	☐	☐
Arbeitstempo	☐	☐	☐	☐	☐
Durchführung	☐	☐	☐	☐	☐
Geschicklichkeit	☐	☐	☐	☐	☐

Weitere Kriterien	1	2	3	4	5
Sorgfalt	☐	☐	☐	☐	☐
Ordnung	☐	☐	☐	☐	☐
	☐	☐	☐	☐	☐
	☐	☐	☐	☐	☐
	☐	☐	☐	☐	☐

Skalenwert	Bedeutung Der/Die Schüler/in zeigt das Merkmal …
1	… in sehr geringer Ausprägung.
2	… in geringer Ausprägung.
3	… in mittlerer Ausprägung.
4	… in hoher Ausprägung.
5	… in sehr hoher Ausprägung.

Weitere Bemerkungen

Datum, Unterschrift Praktikant

Datum, Name und Unterschrift des Verantwortlichen für die Lernaufgabe

Praktikumsmappe

Praktikum, vom ________________ bis ________________

Informationen zum Praktikum und Praktikumsberichtsheft

Das Betriebspraktikum dient neben den unterrichtlichen Inhalten und der begleitenden Berufsberatung durch das Arbeitsamt der beruflichen Orientierung und Erprobung. Die Schülerinnen und Schüler überprüfen ihre Berufswahl, ihren Wunschberuf und die eigenen persönlichen Voraussetzungen. Um eine Nachbereitung und eine kritische Überprüfung des Praktikums zu ermöglichen, sollten die Schüler den Verlauf und die Ergebnisse in einer Dokumentation zusammenfassen.

Im Vorfeld erhalten die Schülerinnen und Schüler einen Fahrplan für das Praktikum und suchen Antworten auf folgende Fragen:

1. Was will ich werden?
2. Wie bekomme ich eine Praktikumsstelle?
3. Bin ich versichert?
4. Brauche ich eine ärztliche Untersuchung?
5. Was will ich erfahren und wissen?
6. Wie muss ich mich während des Praktikums verhalten?
7. Wie führe ich mein Berichtsheft?

Inhalte des Berichtsheftes

Allgemeine Aufgaben:

⇨ Pflichten der Schülerinnen und Schüler / Bitte an die Eltern (M1)
⇨ Richtlinien zur Erstellung einer Praktikumsmappe (M2)

Persönliche Angaben (M3 und M4):

⇨ Praktikumsstelle
⇨ Verantwortlicher Betreuer im Betrieb
⇨ Dauer des Praktikums
⇨ Bezeichnung des Ausbildungsberufs
⇨ Informationen zu Ausbildung
⇨ Was ich über meinen Praktikumsberuf weiß
⇨ Berufliche Anforderungen und wichtige persönliche Voraussetzungen
⇨ Weiterbildungs- und Spezialisierungsmöglichkeiten
⇨ Genaue Erkundung eines Arbeitsplatzes (M5)
⇨ Selbsteinschätzungstest/Berufs-Anforderungstest (M6)
⇨ Eigene gesammelte Informationen (Bilder, Prospekte, Berichte)
⇨ Rückblick auf das Praktikum/Auswertung (M7)

Berichtsheft   M1

Pflichten der Schülerinnen und Schüler / Bitte an die Eltern

a) Bei Erkrankung bzw. Unfall-/Haftpflichtschaden sofort Schule und Betrieb benachrichtigen.

Telefon Schule: ________________________________

Telefon Betrieb: ________________________________

b) Anweisungen der Betreuer beachten.

c) Anweisungen zur Unfallverhütung beachten.

d) Sich um gute Mitarbeit bemühen (aktiv sein, nachfragen).

e) Ein höfliches und anständiges Benehmen (grüßen, bitte und danke sagen, hilfsbereit und zuvorkommend sein).

f) Zuverlässig sein im Betrieb (pünktlich erscheinen, angemessene Arbeitskleidung).

g) Mitnahme von Dingen aus dem Betrieb nur mit Erlaubnis des betrieblichen Betreuers.

h) Verschwiegenheitspflicht: Informationen aus dem Betrieb werden nicht nach außen getragen.

Richtlinien zur Erstellung einer Praktikumsmappe

⇨ Schnellhefter mit Deckblatt und Inhaltsverzeichnis in Klarsichthülle.

⇨ Die zweite Seite nach den Hinweisen enthält deine persönlichen Daten (Name, Adresse, Telefonnummer, Geburtsdatum) sowie deine persönlichen Vorstellungen und Erwartungen vom Praktikum (=> Diese Seite solltest du noch vor dem Praktikum fertig haben!).

⇨ Die dritte Seite (können auch mehrere Seiten sein) enthält deine gesammelten Informationen zum Betrieb (z.B. Branche, Alter des Betriebs, Anzahl der Beschäftigten, Auszubildende, verschiedene Berufsbilder, Abteilungen, verschiedene Produkte, Kunden, Lieferanten, Verkehrslage, Fertigungsverfahren, Fotos, Bilder, Broschüren, usw.).

⇨ Als vierte Seite kommt der erste Teil des Fragenkatalogs (Fragen 1-5).

⇨ Danach kommen die Tagesberichte über deine ausgeführten Tätigkeiten an bestimmten Arbeitsorten (Umfang pro Tag ca. eine halbe Seite; schildere deine persönlichen Eindrücke).

⇨ Dann kommt der zweite Teil des Fragenkatalogs (Fragen 7-9).

⇨ Anschließend kommen die beiden Blätter zum Thema „Ein Arbeitsplatz, den ich erkundet habe".

⇨ Darauf folgen die beiden Blätter des Selbsteinschätzungstests (die linke Seite sollst du noch vor Beginn des Praktikums mit blauer Farbe ausfüllen, die rechte Seite mit roter Farbe nach dem Praktikum).

⇨ Zum Abschluss der Praktikumsmappe folgt die Gesamtbewertung des Betriebspraktikums. Hier möchte ich wissen:

> ✓ Was hat dir an deinem Praktikum gut gefallen?
> ✓ Was hat dir an deinem Praktikum weniger gut gefallen?
> ✓ Wurden deine Erwartungen erfüllt?
> ✓ Hat dir das Praktikum bei deiner Berufswahl geholfen?
>   Wenn nicht, weshalb?

Fragenkatalog - Teil 1

1. Praktikumsstelle (Name, Anschrift und Telefon des Betriebs):

   ____

   ____

   ____

2. Mein verantwortlicher Betreuer im Betrieb (Name, betriebliche Stellung):

   ____

   ____

3. Dauer des Praktikums: vom _______________ bis _______________

   Tägliche Arbeitszeit:

Tag	Arbeitsbeginn	Arbeitsende
Montag		
Dienstag		
Mittwoch		
Donnerstag		
Freitag		
Samstag		

4. Bezeichnung des Ausbildungsberufs, in dem ich tätig war:

   ____

5. Informationen zur Ausbildung:

   a) Ausbildungsinhalte (Fertigkeiten, Tätigkeiten, …)

      ____

      ____

   b) Form der Berufsschule (Wie? Wo?), für Azubis des Betriebs

      ____

      ____

6. Tagesberichte

Fragenkatalog - Teil 2

7. Was ich über meinen Praktikumsberuf weiß:

    a) Werkzeuge / Maschinen

    b) Materialien / Betriebsmittel

8. Berufliche Anforderungen und wichtige persönliche Voraussetzungen:

9. Weiterbildungs- und Spezialisierungsmöglichkeiten:

Berichtsheft M5a

Genaue Erkundung eines Arbeitsplatzes

Beruf: ____

1.) **Beobachtete Tätigkeiten:** ____

2.) **Wie werden die Arbeiten verrichtet?**

	Ja	Nein
Ständig alleine		
mit anderen zusammen		
Gespräche mit anderen sind möglich		
Arbeit nach Plänen und Anweisungen		
hohes Maß an Selbstständigkeit		
Vorwiegend gleiche Handgriffe		

3.) **Der Arbeitsplatz stellt folgende körperliche Anforderungen**

Erforderliche Körperkraft: ☐ viel ☐ mittel ☐ wenig

Handgeschick: ☐ viel ☐ mittel ☐ wenig

Vorwiegende Arbeitshaltung: ☐ sitzend ☐ stehend ☐ liegend

☐ gebückt ☐ kniend

beanspruchte Sinnesorgane:	Ja	Nein
gute Augen		
gutes Gehör		
gutes Riechen		
guter Geschmacksinn		
guter Tastsinn		

4.) **Der Arbeitsplatz stellt folgende geistige Anforderungen**

Sachverhalte schnell erfassen, mitdenken können	☐ viel	☐ mittel	☐ wenig
sich sprachlich ausdrücken/formulieren können	☐ viel	☐ mittel	☐ wenig
gut rechnen können	☐ viel	☐ mittel	☐ wenig
zeichnen können, räumliche Vorstellung	☐ viel	☐ mittel	☐ wenig
genau beobachten, sich konzentrieren können	☐ viel	☐ mittel	☐ wenig
Ideen entwickeln und gestalten können	☐ viel	☐ mittel	☐ wenig

5.) Der Arbeitsplatz stellt folgende soziale Anforderungen

Pünktlichkeit, Ausdauer und Geduld ☐ viel ☐ mittel ☐ wenig

gute Umgangsformen, sicheres Auftreten ☐ viel ☐ mittel ☐ wenig

jemandem zuhören können ☐ viel ☐ mittel ☐ wenig

andere überzeugen können ☐ viel ☐ mittel ☐ wenig

Rücksicht auf andere nehmen, Kontaktfreudigkeit ☐ viel ☐ mittel ☐ wenig

eigene beobachtete soziale Anforderungen:

_______________________________________ ☐ viel ☐ mittel ☐ wenig

6.) Material / Betriebsmittel

____

____

7.) Maschinen, Werkzeuge und Hilfsmittel

____

____

8.) Besondere Bedingungen am Arbeitsplatz

Temperatur ☐ kalt ☐ erträglich ☐ heiß

Luft ☐ trocken ☐ erträglich ☐ feucht

Licht ☐ grell ☐ erträglich ☐ düster

Lärm ☐ laut ☐ erträglich ☐ ruhig

Schmutz ☐ wenig ☐ erträglich ☐ viel

Gerüche ☐ stark ☐ erträglich ☐ kaum

9.) Gefahren am Arbeitsplatz:

____

____

Berichtsheft M6

Selbsteinschätzungstest / Berufsanforderungstest

1.) Vor dem Praktikum solltest du mit einem blauen Stift deine Kreuze setzen.

2.) Nach dem Praktikum setzt du, zum Vergleich, deine Kreuze mit roter Farbe.

meine Fähigkeiten				**das fordert der Beruf**		
hoch	mittel	kaum		hoch	mittel	kaum
			Reaktionsfähigkeit			
			Beobachtungsvermögen			
			Sinn für Genauigkeit und Sorgfalt			
			Rechtschreibsicherheit			
			Schriftlicher Ausdruck			
			Rechenfähigkeit			
			Zeichnerische Fähigkeit			
			Logisches Denken			
			Gedächtnis, Merkfähigkeit			
			Konzentrationsfähigkeit			
			Sinn für Formen und Farben			
			Gestalterische Fähigkeiten			
			Räumliches Vorstellungsvermögen			
			Sprachliche Gewandtheit			
			Technisches Verständnis			
			Ideenreichtum			
			Körperliche Belastbarkeit			
			Schwindelfreiheit			
			Gutes Hörvermögen			
			Arbeit im Freien			
			Handwerkliches Geschick			
			Hand- und Fingergeschicklichkeit			
			Verantwortungsbereitschaft			
			Kontaktsicherheit			
			Selbstständigkeit			
			Sicheres Auftreten			
			Gute Umgangsformen			
			Teamfähigkeit			
			Interesse und Mitgefühl für Menschen			
			Überzeugen können			
			Zuhören können			

Rückblick auf das Praktikum / Auswertung

1.) Was hat dir an deinem Praktikum gefallen?

2.) Was hat dir an deinem Praktikum nicht gefallen?

3.) Konntest du ausreichende berufliche Erfahrungen sammeln?

4.) Welche Verbesserungsmöglichkeiten siehst du?

5.) Hast du dir dein Praktikum anders vorgestellt? Was hat sich geändert?

6.) Inwiefern hast du dir dein Praktikum anders vorgestellt?

7.) Worin unterscheiden sich Schule und Beruf besonders?

8.) Welche Fragen bezüglich deiner Berufswahl sind trotz des Praktikums noch offen?

9.) Welche Fragen und Probleme hinsichtlich deiner Berufswahl möchtest du nun mit deinem Berufsberater besprechen?

Eigene Notizen für schriftliche Tagesberichte im Fach Deutsch

Montag, (Datum)

Dienstag, (Datum)

Mittwoch,   (Datum)

Donnerstag,   (Datum)

Freitag, (Datum)

Samstag, (Datum)

Platz für weitere Notizen aus der Praktikumsphase

Sammle so viele Infos über den Beruf und Betrieb. Erarbeite im Unterricht oder zu Hause Fragen, die du im Praktikum stellen möchtest. Hat der Praktikumsbetrieb Flyer oder Infohefte, frag nach, ob du diese für dein Praktikumsberichtsheft mitnehmen darfst.

Tipp: Mach im Praktikum Fotos für deine Praktikumsmappe als Nachbereitung in der Schule. Fragt aber unbedingt vorab, ob du Fotos machen darfst (Thema: Betriebsgeheimnisse oder Privatsphäre).

Mein Tagesablauf

In der 24-Stunden-Uhr sollst du durch Farben deutlich machen, wie ein Tag in deinem Wunschberuf/ einem Beruf/der Schule abläuft.
(Link: Fußzeile)

Male die Felder aus:

Schlaf:	*blau*
Frühstück:	*gelb*
Arbeit:	*rot*
Mittagessen:	*gelb*
Arbeit:	*rot*
Abendessen:	*gelb*
Freizeit:	*grün*

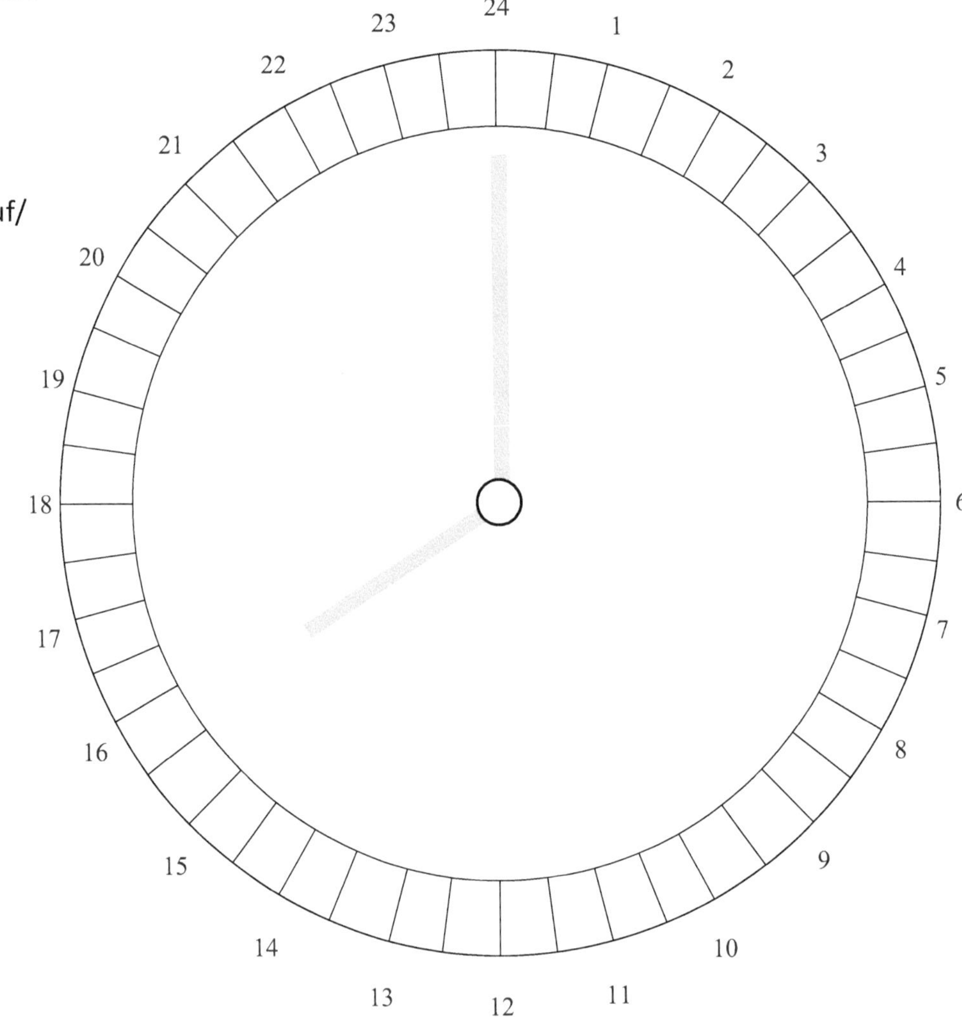

Kurzbericht über deinen Tag (in Stichworten):

Diese Arbeiten habe ich heute durchgeführt:	Zeitraum:

Tagesabläufe: www.planet-beruf.de => Mein Beruf => Tagesabläufe

Schule und Praktikum im Vergleich

In der Zeit deines Praktikums verläuft dein Leben anders als in der Schulzeit. Nicht allein die Dinge, die du zu erledigen hast, unterscheiden sich. Du bist auch mit ganz anderen Menschen zusammen. Du gehst mit ihnen anders um, als du es von der Schule her gewohnt bist. Mache dir einmal bewusst, wie sich der Praktikumstag von einem Schultag (Vor- und Nachmittagsunterricht) unterscheidet.

Schule ⟺ Betrieb

Vergleich des Wochentages: _______________________________
(wähle am besten einen Schultag mit Nachmittagsunterricht aus)

Wenn heute Schule gewesen wäre …	**So war es heute im Praktikum:**
… hättest du um ______ Uhr aufstehen müssen.	• Du bist um ______ Uhr aufgestanden.
… hätte die Schule um ______ Uhr begonnen.	• Um ______ Uhr musstest du im Betrieb sein.
… hättest du bis ______ Uhr Unterricht gehabt.	• Dein Arbeitstag endete um ______ Uhr.
… hättest du insgesamt ______ Stunden in der Schule verbracht.	• Du musstest insgesamt ______ Stunden im Betrieb verbringen.
… hättest du ______ Minuten Pause gehabt.	• Du hast insgesamt ______ Minuten Pause gehabt.

Diese Fächer und Lehrer hättest du heute gehabt:	Das hast du heute im Betrieb gemacht:
1. Stunde _____________ _____________	_________________________________
2. Stunde _____________ _____________	_________________________________
3. Stunde _____________ _____________	_________________________________
4. Stunde _____________ _____________	_________________________________
5. Stunde _____________ _____________	_________________________________
6. Stunde _____________ _____________	_________________________________
nachmittags ___________ _____________	_________________________________

… wärst du mit ______ Schülern zusammen gewesen.	Im Betrieb hattest du mit ______ Mitarbeitern Kontakt.
Deine Klassenkameraden haben ungefähr das gleiche Alter wie du.	Im Betrieb gibt es ______ Mitarbeiter (z.B. Lehrlinge), die etwa so alt sind wie du (ca. 15-20 Jahre.)
Du fühlst dich in der Schule wohler als im Betrieb.	Du fühlst dich im Betrieb wohler als in der Schule.
☐ stimmt ☐ stimmt nicht	☐ stimmt ☐ stimmt nicht
Du vermisst die Freizeit, die du normalerweise hast.	Du hast immer noch genügend Freizeit.
☐ stimmt ☐ stimmt nicht	☐ stimmt ☐ stimmt nicht

Persönliche Erfahrungen und Eindrücke aus dem Praktikum

1.) Hat dir das Praktikum gefallen? ☐ ja ☐ nein ☐ teilweise

Was hat dir besonders gut gefallen?

Was gefiel dir nicht?

2.) Hattest du dir das Praktikum so vorgestellt? ☐ ja ☐ nein ☐ teilweise

Was hast du dir anders vorgestellt?

3.) War die Arbeit für dich interessant? ☐ ja ☐ nein ☐ teilweise

Was war interessant?

Was war uninteressant?

4.) War die Arbeit anstrengend? ☐ ja ☐ nein ☐ teilweise

Was genau war anstrengend:

5.) Hattest du genug Pausen? ☐ ja ☐ nein ☐ teilweise

Nein? Wie lange waren die Pausen insgesamt?

6.) Hat das Praktikum Einfluss auf deinen Berufswunsch? ☐ ja ☐ nein ☐ teilweise

7.) Wenn du jetzt entscheiden müsstest, welchen Beruf würdest du dann wählen?

____

8.) Würdest du später einmal in diesem Betrieb arbeiten wollen? ☐ ja ☐ nein ☐ vielleicht

9.) Was sollte man deiner Meinung nach am Praktikum ändern?

☐ längeres Praktikum

☐ kürzeres Praktikum

☐ Jahrespraktikum (in der Schulzeit ein- bis zweimal wöchentlich)

☐ mehr Lehrerbesuche

____

____

____

____

10.) Wie war der Praktikumsbetrieb deiner Meinung nach vorbereitet ☐ gut ☐ schlecht

Inwiefern war der Betrieb nicht gut vorbereitet? ______________________________

____

____

____

11.) Was hättest du dir von deinem Praktikumsbetrieb gewünscht?

____

____

____

12.) Was erwartest du von deinem nächsten Praktikum?

____

____

____

____

Anhang

- ➢ Die Formulare im Anhang trennst du vor der jeweiligen Praktikumsphase am linken Rand vorsichtig und sauber heraus.

- ➢ Wie im Inhaltsverzeichnis beschrieben, werden diese dem Praktikumsbetrieb u.a. als Praktikumsvertrag vorgelegt.

- ➢ Trage die Praktikumsdaten und deinen Namen selbst ein.

- ➢ Auf der Rückmeldung musst du für das Praktikum unbedingt deine Eltern fragen, ob du über sie Haftpflichtversichert bist. In der Regel ist das so, wenn sie arbeitstätig sind.

- ➢ Dann schreibst du in das Feld „Schüler/in ist haftpflichtversichert durch": **ELTERN**

- ➢ In die Lücke, bis wann die schriftliche Rückmeldung (also das Formular) ausgefüllt bei der verantwortlichen Lehrkraft abzugeben ist, schreibst du das Abgabedatum, welches mit der verantwortlichen Lehrkraft vereinbart wurde.

- ➢ Zwischen dem Informationsbrief, der Rückmeldung und Beurteilung habe ich leere Seiten eingefügt, damit diese Formulare getrennt voneinander sind, da der Infobrief beim Praktikumsbetrieb bleibt und die Rückmeldung selbstverständlich wieder an die Schule zurückgeschickt wird, ebenso die Beurteilung mit Rückseite.

Informationsbrief zum Praktikum für die Praktikumsstelle

Praxiserfahrungen in und mit der Arbeitswelt

(Auszug Kultus und Unterricht, vom 05. September 2017)

Sehr geehrte Damen und Herren,

um Jugendlichen zu ermöglichen, im Übergang in Ausbildung, Studium und Beruf eine qualifizierte und für sie passende Entscheidung treffen zu können, ist es wichtig, dass sie ein breites Spektrum an Berufen kennenlernen und vor allem erste Erfahrungen in der Arbeitswelt sammeln. Zur Förderung der beruflichen Orientierung der Schülerinnen und Schüler und für ihre erfolgreiche Vorbereitung auf das Berufs- und Arbeitsleben sind die Schulen auf die Unterstützung von Kooperationspartnern wie Ihnen angewiesen. Ein wesentlicher Bestandteil der beruflichen Orientierung stellen Praxiserfahrungen in und mit der Arbeitswelt dar. Vor allem Praktika geben den Schülerinnen und Schülern einen realistischen Einblick in die Arbeitswelt und ermöglichen ihnen, die vielfältigen Tätigkeiten und Anforderungen im jeweiligen Berufs- beziehungsweise Studienfeld kennen zu lernen und mit ihren Interessen und Potenzialen zu vergleichen.

Sie erhalten dieses Schreiben im Zusammenhang mit der Bewerbung einer Schülerin oder eines Schülers unserer Schule um eine Praktikumsstelle im Zeitraum

vom _______________ bis _______________ .

Wir möchten Ihnen auf diesem Weg wichtige Hinweise für die Durchführung von Praktika im Rahmen der beruflichen Orientierung geben:

- Mit dem Praktikum sollen die Schülerinnen und Schüler einen Einblick in die Arbeitswelt erhalten, der ihnen bei der Wahl eines geeigneten Ausbildungsberufes beziehungsweise Studienfeldes hilft. Es sollte durch das Praktikum ermöglicht werden, die grundlegenden Tätigkeiten, Aufgaben und Anforderungen des entsprechenden Berufs- beziehungsweise Studienfeldes kennenzulernen und durch die praktische Auseinandersetzung und Mitarbeit Erfahrungen zu machen, die ihre berufliche Orientierung unterstützt.

- Es ist sicherzustellen, dass Schülerinnen und Schüler nicht mit gefährlichen Arbeiten im Sinne des § 22 JArbSchG oder sonstigen Tätigkeiten, die mit einer nicht nur unerheblichen Gesundheitsgefahr verbunden sind (beispielsweise Tätigkeiten mit Sturzgefahr aus großer Höhe, mit Verschüttungs- oder Erstickungsgefahren), beschäftigt werden. Soweit erforderlich ist für die einzelne Schülerin beziehungsweise den Schüler eine Belehrung gemäß §§ 35, 43 Infektionsschutzgesetz sicherzustellen.

- Für die Betreuung des Praktikums wird von der Schule eine verantwortliche Lehrkraft benannt, die Kontakt mit Ihnen aufnehmen wird und während des Praktikums von Ihnen und den Schülerinnen und Schülern kontaktiert werden kann. Die Lehrkraft wird die Schülerinnen und Schüler nach Möglichkeit auch vor Ort besuchen. Die Ihnen zur Durchführung des Praktikums übermittelten personenbezogenen Daten der Schülerin bzw. des Schülers dürfen nur zur Erfüllung dieser Aufgabe verarbeitet werden und sind vorbehaltlich gesetzlicher oder vertraglicher Bestimmungen nach der Zweckerfüllung zu löschen oder zu vernichten.

- Das Praktikum ist eine schulische Veranstaltung. Um die Aufsichtspflicht zu gewährleisten, ist von Ihnen eine verantwortliche Person zu benennen (Praktikumsbetreuerin beziehungsweise Praktikumsbetreuer), die die Erfüllung der betrieblichen Aufsichtspflicht im Rahmen des Praktikums gewährleistet. Diese Person nimmt dabei zugleich auch die schulische Aufsichtspflicht wahr, da diese durch die verantwortliche Lehrkraft aufgrund der besonderen Verhältnisse nicht ausgeübt werden kann.

- Schülerinnen und Schüler, die bei Ihnen ein schulisch genehmigtes Praktikum ableisten, stehen unter dem Schutz der gesetzlichen Unfallversicherung. Im Falle eines Gesundheitsschadens übernimmt der Versicherungsträger die Kosten nach Maßgabe der gesetzlichen Bestimmungen.

- Die Erziehungsberechtigten werden vor Beginn des Praktikums von unserer Schule informiert, dass eine Haftpflichtversicherung erforderlich ist, die das Risiko möglicher Haftpflichtschäden während des Praktikums übernimmt.

- Die Schülerin beziehungsweise der Schüler hat Ihnen während des Praktikums Erkrankungen und Versäumnisse umgehend zu melden.

- Wenn Ihre Einrichtung einen Betriebs- und Personalrat, eine Jugend- und Ausbildungsvertretung oder gegebenenfalls eine sonstige Mitarbeitervertretung hat, sollte deren Mitwirkungsmöglichkeiten geprüft werden.

- Eine Vergütung schulisch genehmigter Praktika ist nicht statthaft. Eine Aufwandsentschädigung in geringer Höhe, insbesondere zur Deckung erforderlicher Fahrt- oder Reisekosten, ist zulässig.

- Die Schülerinnen und Schüler erhalten von der Schule die Aufgabe, ihre Erfahrungen im Praktikum in geeigneter Weise zu dokumentieren und auszuwerten.

Für Ihre Unterstützung unserer Schülerinnen und Schüler bei ihrer beruflichen Orientierung und für Ihr Engagement für unsere Schule bedanken wir uns.

Für etwaige Rückfragen steht Ihnen Ihr/e Ansprechpartner/in der Schule gerne zur Verfügung.

<u>**Praxiserfahrungen in und mit der Arbeitswelt**</u>
<u>**Rückmeldung der Praktikumsstelle an die Schule**</u>

Schülerin, Schüler: _______________________________________

Zeitraum des Praktikums: _______________________________________

<u>Von der Praktikumsstelle auszufüllen:</u>

Name der Praktikumsstelle
(Unternehmen, Behörde,
freier Beruf …): _______________________________________

Adresse: _______________________________________

____

Bezeichnung des Berufs- und
Studienfeldes für das der
Praktikumsplatz gestellt wird: _______________________________________

____

Praktikumsbetreuerin,
Praktikumsbetreuer: _______________________________________

Telefon mit Durchwahl: _______________________________________

Fax: _______________________________________

E-Mail: _______________________________________

Voraussichtliche Arbeitszeit: von: _________________ bis: _________________

Besondere Arbeitskleidung erforderlich: ☐ Nein ☐ Ja, _______________________

Schüler/in ist haftpflichtversichert durch: _______________________________________

Für einen Besuch durch die verantwortliche Lehrkraft wird folgen-
der Termin vorgeschlagen: _______________________________________

oder um telefonische Absprache gebeten ☐ (In der Ferienzeit vor und nach dem Praktikum).

Während der Schulferien übernimmt der Praktikumsbetrieb die schulischen Aufsichtspflichten.

____

Datum, Unterschrift, Stempel der Praktikumsstelle

Dieses Schreiben ist von der Schülerin oder dem Schüler bis zum _______________

(von der Schule auszufüllen)

ausgefüllt bei der verantwortlichen Lehrkraft abzugeben.

Beurteilung Schülerpraktikum

Praktikant/in: _______________________

Firma: _______________________

Ansprechpartner: _______________________

Adresse: _______________________

____

Telefon.: _______________________

Firmenstempel

Bitte ankreuzen:	2	1	0	-1	-2
Anstelligkeit (wie stellt sich der Praktikant an)					
Arbeitsqualität					
Arbeitstempo					
Benehmen					
Lernbereitschaft					
Selbständigkeit					
Zuverlässigkeit					

Bitte entsprechend <u>unterstreichen / markieren</u>:

Allgemeine Wesensart	Praktische Begabung	Arbeitsweise	Soziales Verhalten
Vitalität		**Gründlichkeit / Sorgfalt**	
• lebhaft	• guter Überblick	• gewissenhaft	• hilfsbereit
• frisch	• einsichtig	• planvoll	• entgegenkommend
• eifrig	• findig	• planlos	• umgänglich
• ruhig	• schöpferisch	• zuverlässig	• egoistisch
• schwunglos	• anstellig	• sorgfältig	• unverträglich
• matt	• geschickt	• gründlich	• verschlossen
• beständig	• umständlich	• etwas oberflächlich	
• bedächtig	• ungeschickt	• unbeständig	
	• unbeholfen	• manchmal flüchtig	
	• vorbildgebunden		
Aufmerksamkeit		**Sauberkeit / Ordnung**	
• konzentriert		• ordentlich	
• leicht auffassend		• sauber	
• aufgeschlossen			
• wach		**Arbeitstempo / Ausdauer**	
• zerstreut		• flink	
• langsam		• sprunghaft	
• schwerfällig		• umständlich	
		• zäh	
		• gleichbleibend	
		• ruhig	
		• beharrlich	

<u>Besondere Bemerkungen:</u>

____

____

____

____

____

_______________________   ____

Datum   Unterschrift der Betriebs-/Ausbildungsleitung